MY FIRST
UKRAINIAN
ANIMAL
BOOK

 www.lingvito kids.com

Собака

[sobaka] • *Dog*

Є в дорослих і дітей
Друг веселий і грайливий.
Він готовий до пригод
В ясний день і після зливи!

Дельфін

[del'fin] • *Dolphin*

Аж до неба він стрибає,
Потім плаває на дні,
Серед рифів і коралів –
У блакитній глибині.

Черепаха

[cherepakha] • Turtle

Черепаха має дім,
І сама живе у нім.
Біля озера щоранку
Рве кульбабки до сніданку!

КРАБ

[krab] • Crab

Хоч у краба дві клешні –
Вони зовсім не страшні!
Він, коли у морі штиль,
з другом грає серед хвиль!

Свиня

[svynya] • *Pig*

Круглобока і огрядна
Цілий день лежить в калюжі!
Не умиє навіть личко –
Бо вона лінива дуже.

Курча

[kurcha] • *Chick*

З-під крила у квочки-мами
Визирає пташеня.
В нього на обід сьогодні
Черв'ячок і три зерна.

Папуга

[papuha] • *Parrot*

Наш папужка кольоровий –
Балакучий диво-птах.
Завжди дружній і бадьорий,
На розваги він мастак!

Слон

[slon] • *Elephant*

То не грізний грім гримить –
То великий слон біжить!
Дме у ніс, немов в трубу:
«Нумо гратись, ду-ду-ду!»

Мавпа

[mavpa] • Monkey

Серед пальм живе тваринка
Дуже схожа на дитинку:
Ручки, ніжки, щічки, носик –
На додачу – довгий хвостик!

Миша

[mysha] • *Mouse*

У хатинці тишком-нишком
Шарудить маленька мишка.
Ти тваринку не лякай,
Краще сиром пригощай!

Крокодил

[krokodyl] • Crocodile

У Єгипті, в річці Ніл,
Спочиває крокодил.
Він від спеки в мул заліз –
Видно лиш зелений ніс!

Ведмідь

[vedmid'] • *Bear*

Звір великий, клишоногий
Виліз зранку із барлоги.
Зараз він під ясним небом
Ласувати буде медом!

Корова

[korova] • Cow

Щоб сім'я була здорова –
Молоко дає корова.
Рано-вранці на лужку
Їсть пшеничку і траву.

Гусак

[husak] • *Goose*

Довгошиїй і поважний
По подвір'ю ходить пан.
В нього лапки наче ласти
І білесенький жупан!

ЛЕВ

[lev] • Lion

У царя тварин красива,
золота, розкішна грива!
Він на сонечку лежить
І як кішечка мурчить!

Сонечко

[sonechko] • *Ladybug*

Якщо сонечко побачиш –
знай, воно приносить вдачу!
Треба лиш його впіймати
й цятки всі порахувати!

Заєць

[zayets'] • *Hare*

Довгі вушка, куций хвостик –
зайчик завітав у гості!
Кожній чемній він дитинці
з радістю несе гостинці!

Бджола

[bdzhola] • *Bee*

Ця маленька трудівниця
Разом з сонечком встає,
І від квіточки у вулик
запашний пилок несе!

Метелик

[metelyk] • Butterfly

У барвистому саду
Я метелика знайду:
Крильця на його спині
Мають барви чарівні!

UKRAINIAN-ENGLISH BILINGUAL BOOK SERIES

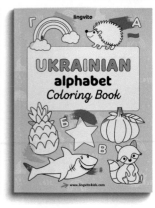

Follow us on **Instagram** @lingvito books

Available at **amazon**

Questions?
E-mail hello@lingvito kids.com